「おとうふ工房 いしかわ」の

究極の豆腐レシピ

目次

おいしいメニューはこの2つの豆腐から始まる — 4

第1章
素材の味を生かして
シンプルに食べる — 8

きぬで冷ややっこ — 10
・削りぶし、藻塩、青じそとしょうが
もめんで冷ややっこ — 12
・青ねぎとだしたまり、碧南にんじん、
みょうがとかんきつ類
きぬで温やっこ — 14
・銀あんかけ、薬味いろいろ
もめんで温やっこ — 16
・みそだれとごま、ねぎのオイルがけ
蒸し豆腐と野菜 豆腐アンチョビドレッシング — 18
豆腐とせん切り野菜の生春巻き — 19
春キャベツと豆腐のサラダ — 20
カフェ風豆腐サラダ — 21
豆腐とわかめの酢の物 — 22
ブロッコリーの白あえ — 23
豆腐のディップ — 24

第2章
食卓の真ん中に
豆腐のメインおかず — 26

バターじょうゆ豆腐ステーキ — 28
豆腐ごろっとハンバーグ — 30
マーボー豆腐 — 32
豆腐と豚肉のチャンプルー — 34
生ハムと青じそ巻きフライ — 36
五目野菜入りふわふわ揚げ — 38
かしわ肉豆腐 — 40
空也蒸し — 42
きのこたっぷり豆乳鍋 — 44
とろける湯豆腐鍋 — 46
蒲焼き丼 ひつまぶし風 — 48
豆腐そぼろのドライカレー — 50
豆腐とベーコンと野菜のキッシュ — 52

第3章 もっと手軽に使って 豆腐でいつものおかず 54
- 野菜とあさりのいり豆腐 56
- にらにんにく豆腐 57
- 豆腐シューマイ 58
- くずし豆腐とトマトのそうめん 59
- 豆腐とねばねばのっけ丼 60
- 冷ややっこ丼 61
- 肉巻き豆腐カツ 62
- 春巻きスティック 64
- 豆腐卵焼き 64

コラム1 豆腐からみそ汁を考える 66
- きぬでみそ汁 66
- もめんでみそ汁 68
- もめんでけんちん汁 70

コラム2 少し残った豆腐、どう食べる? 72
- 豆腐ギョーザ 72
- 簡単田楽 73
- 豆腐ポタージュ 73
- サンラータン麺 74
- 豆腐の紙包み焼き 75
- 揚げ豆腐そば 75

コラム3 豆腐でデザート 76
- ティラミス 76
- チーズケーキ 78
- スコーンと豆腐クリーム 80
- 豆腐クリームいちごサンド 81
- コロコロ豆腐ドーナツ 84
- 豆腐アイスクリーム 85
- 氷豆腐 88
- 豆腐きんつば 89

コラム4 豆腐のおさらい 92
- 豆腐料理のコツ、豆腐の仲間たち、栄養Q&A

コラム5 豆腐はどうやって作るの? 96

コラム6 三河食文化圏を訪ねる 100

自分の子どもに食べさせたい豆腐を、みんなで作っています 110

おいしいメニューは
この２つの豆腐から始まる

愛知県高浜市にある
「おとうふ工房いしかわ」には、
２つの代表的な豆腐があります。
ひとつは「究極のきぬ」
もうひとつは「至高のもめん」。
どちらも国内生産大豆１００％と
にがりを使用。
なめらかでありながら、
しっかりとした質感、
そして濃厚な味わいがあります。
「そのまま食べておいしい」豆腐は、
「子どもたちに安心して
食べてもらいたい」気持ちから、
研究と試作を重ねて
生まれたものです。

【究極のきぬ】

ソフトで濃厚な味。
冷ややっこはもちろん、
加熱調理しても
本来のうまみが
生きている一品。
２０１１、２０１２、
２０１３年、３年連続
モンドセレクション
金賞受賞。

【至高のもめん】

木綿でていねいに
包んで仕上げていく
伝統的手法から、
舌ざわりが心地よく、
味わい深い
お豆腐ができました。

「究極のきぬ」「至高のもめん」は1丁450gが基本。各263円。愛知県外では1丁が300g ~350gのものも販売。ミニサイズもある（P 99参照）。県内と通販品には愛知で作られる、青じその葉が1枚付いている。

お豆腐使いのベテランと、若手社員と、お料理のプロと、みんなの声が集まりました

この本のレシピは「おとうふ工房いしかわ」
ＭＤ部女子社員チームと一緒に作りました。
直営レストランの豆腐メニュー、パンやデザートなどのメニュー提案、
豆腐作りの過程で生まれる、おからを使ったお菓子など、
各種商品開発を担当しています。
今回のレシピ制作やアドバイスを担当してくださったのは、
愛知県稲沢市にある愛知文教女子短大の安藤京子先生と、山本景子先生、
そしてスタッフの皆さん。プランを持ち寄り、打ち合わせを重ねる中で、
この本の形が少しずつ見えてきました。
皆さんの意見は「お豆腐の味をそのまま生かして、おいしいレシピにしたい」
そして「毎日食べたいバリエーションのあるものがいい」
「誰でも手軽に作れるとうれしいですね」という、ちょっと贅沢なもの（！）。
きぬともめんと、どちらの味と合うのか、調理はしやすいか、
ＭＤ部女子社員チームと打ち合わせをしたいくつかのポイントを
チェックしながら安藤先生とスタッフの試作は続き、
お豆腐の名前のとおり、究極の味、至高の味に仕上がりました。

「豆腐ハンバーグを入れたい」

「でも豆腐を崩して
ひき肉と混ぜるのではつまらない」

「マーボー豆腐は？」

「子どもたちに食べさせたいから辛くないものにしましょう」

「デザートもぜひ！」

「おやつ感覚がいいよね」

「スコーンは？」…

こんなやりとりの中から、
たくさんの新しいメニューが生まれました。

Tofu Hamburg

Scone

Mabo Tofu

第1章

素材の味を生かして
シンプルに食べる

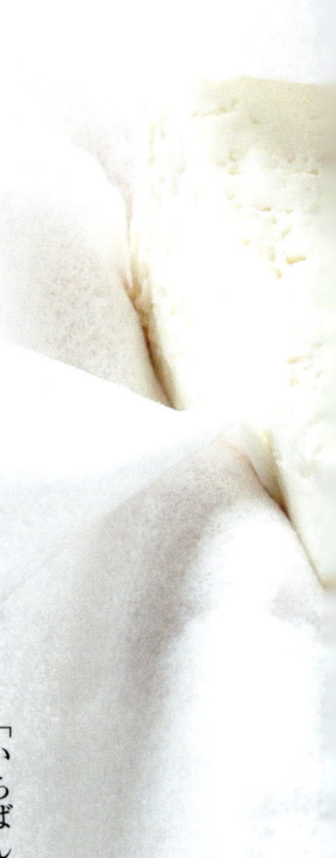

「いちばん好きな食べ方は？」
ＭＤ部女子チームからの答えは
塩、ねぎ、たまりじょうゆ…、
「どうして？」
「お豆腐をいちばんおいしいと
感じるから！」
冷ややっこのおすすめの食べ方から
シンプルなサラダや酢の物、
ヘルシーな蒸し物まで、
豆腐を身近に感じている声を
たくさん集めてみました。

削りぶし

削りぶしをパラリ。
この香ばしさは、豆腐と好相性。

材料・２人分

豆腐（きぬ）　½丁
削りぶし　適量

作り方

1. 豆腐はキッチンペーパーで水気をふき、食べやすい大きさに切って器に盛る。
2. 削りぶしをのせ、塩やだしたまり（各分量外）をかけていただく。

藻塩

上質な豆腐は塩がおすすめ。
まろやかな口当たりの藻塩で、
豆の風味が際立ちます。

材料・２人分

豆腐（きぬ）　½丁
藻塩　適量

＊藻塩は、玉藻と呼ばれていたホンダワラなどの海藻を使用して作る古代から作られている塩。

作り方

1. 豆腐はキッチンペーパーで水気をふき、食べやすく切って器に盛り、藻塩をかけていただく。

香りを添えて、なめらかな口当たりに
きぬで冷ややっこ

青じそとしょうが

定番ですがほっとするおいしさ。
さわやかな香りで、豆腐の甘みが増します。

材料・2人分

豆腐(きぬ)　½丁
青じそ・しょうが　各適量

作り方

1. 豆腐はキッチンペーパーで水気をふき、食べやすい大きさに切って器に盛る。
2. 青じそはせん切りにし、しょうがはすりおろして豆腐に添え、塩やだしたまり(各分量外)をかけていただく。

青ねぎとだしたまり

だしたまりは豆腐と最高の相性で、
おいしさを引き出します。
ねぎの香りがアクセントに。

材料・2人分

豆腐(もめん)　½丁
青ねぎ　少々
だしたまり　適量

＊だしたまりは三河地方独特のたまりじょうゆをベースに、だしをきかせただしじょうゆ。

作り方

1. 豆腐はキッチンペーパーで水気をふき、食べやすい大きさに切って器に盛る。
2. 青ねぎは小口切りにして豆腐に添え、だしたまりをかけていただく。

濃厚な豆の味には歯ざわりのよい具を

もめんで冷ややっこ

碧南《へきなん》にんじん

にんじんのシャリッとした
歯ざわりがとても新鮮です。
甘みが強い碧南にんじんで。

材料・2人分

豆腐(もめん)　½丁
碧南にんじん　適量

＊碧南にんじんは、愛知県碧南市の特産品。にんじん独特の臭みが少なく、甘みが強い。

作り方

1. 豆腐はキッチンペーパーで水気をふき、食べやすい大きさに切って器に盛る。
2. にんじんはすりおろして豆腐に添え、そのまま、または塩やだしたまり、オリーブ油をかけていただく。

みょうがと かんきつ類

みょうがの香りと歯ざわりは食欲を刺激。酸味をプラスするとキリッとさわやかに。

材料・2人分

豆腐(もめん)　½丁
みょうが　少々
かんきつ類(すだちなど)　適量

作り方

1. 豆腐はキッチンペーパーで水気をふき、食べやすい大きさに切って器に盛る。
2. みょうがは小口切りにして豆腐に添え、かんきつ類も添えて汁を絞ってかける。好みで塩やだしたまりをかけていただく。

温かいあんで、ひと味違ったおいしさを

きぬで温やっこ

銀あんかけ

やわらかいきぬに、さらにあんをかけて、つるんとしたのどごしを味わいます。

材料・2人分

豆腐(きぬ)　½丁
ゆでたけのこ　30g
にんじん　⅕本(30g)
ゆでかにの身　20g
みつば　2～3本
だし汁　大さじ5

A
- 酒　大さじ1
- みりん　小さじ1
- 白だし*　大さじ½

B
- 片栗粉　小さじ2
- 水　大さじ1½

*白だしは削りぶしや昆布からとっただしに、しょうゆや砂糖、みりんなどを混ぜた調味料。

作り方

1. たけのこ、にんじんはせん切りにする。みつばは3cm長さに切る。
2. 鍋にだし汁と1を入れて煮る。にんじんがやわらかくなったらかにの身を入れ、Aで味をととのえ、Bでとろみをつけ、みつばを混ぜる。
3. 温めた豆腐は食べやすい大きさに切って器に盛り、2をかける。

豆腐の温め方

豆腐は半分に切ってキッチンペーパーに包み、レンジ対応の器にのせ、ラップをかけて電子レンジに3分ほどかける。またはゆでて温めてもよい。

薬味いろいろ

好みのものを組み合わせ、
香りのミックスを楽しみます。
歯ざわりのよいのもポイントです。

材料・2人分

豆腐(きぬ)　½丁
青ねぎ・みょうが・くるみ・黒ごま・
一味唐辛子　各適量

作り方

1. 青ねぎは小口切りにする。みょうがはせん切りにし、水にさらして水気を取る。くるみは軽くいって、細かく砕く。
2. 温めた豆腐は大きなスプーンですくって器に盛り、1と黒ごま、一味唐辛子を好みでかけ、味が足りないようなら塩やだしたまりをかける。

みそ味やオイルがけ、もめんで変化を

もめんで温やっこ

みそだれとごま

みそだれがごまとからんで、
絶妙な口当たりに。
ご飯にもよく合う味です。

材料・2人分

豆腐（もめん）　½丁
白すりごま　適量
【みそだれ】
八丁味噌　大さじ1½　みりん　大さじ1
砂糖　小さじ2　酒　小さじ1

作り方

1. 小鍋にみそだれの材料を入れて弱火にかけ、混ぜながら煮詰め、ぽってりとしたら火を止めて冷ます。
2. 温めた豆腐は食べやすい大きさに切って器に盛り、1とすりごまをかけていただく。

ねぎのオイルがけ

ねぎに、熱したごま油をジュッとかけて
香りを際立たせます。温かい豆腐ならではの食べ方です。

材料・2人分

豆腐(もめん)　½丁
長ねぎ　⅙本
赤唐辛子(小口切り)　少々
ごま油　大さじ3

作り方

1. 長ねぎはせん切りにし、水にさっとさらして水気を切る。
2. 温めた豆腐は食べやすい大きさに切って器に盛り、1をのせる。
3. 小鍋にごま油と赤唐辛子を入れて中火にかけ、煙が出るくらいにアツアツになったらすぐに2のねぎにかける。

蒸し豆腐と野菜　豆腐アンチョビドレッシング

豆腐と野菜を一緒に電子レンジにかけるだけ。
クリーミーな豆腐入りのアンチョビドレッシングで
ほっこりと蒸した野菜、もめん豆腐のほっとしたおいしさが味わえます。

材料・2人分

豆腐(もめん)　½丁
かぼちゃ(薄切り)　4枚
さつまいも　ひと口大4個
キャベツ　1～2枚
カリフラワー　小房4個
スナップえんどう　4本
ヤングコーン　2本　ミニトマト　4個
【豆腐アンチョビドレッシング】*
豆腐(もめん)　100g
アンチョビ(フィレ)　3枚
にんにく　1片　塩・こしょう　各少々
オリーブ油　大さじ2

＊ドレッシングは作りやすい分量で、多めにできる。

作り方

1. 豆腐アンチョビドレッシングの材料を、ミキサーやハンディプロセッサーでなめらかになるまで攪拌する。
2. 豆腐はキッチンペーパーで水気をふき、6等分に切る。さつまいもとかための野菜はあらかじめゆでておく。キャベツは3㎝角に切る。ヤングコーンは縦半分に切る。スナップえんどうは筋を除く。
3. 電子レンジ対応の器に野菜をすべて並べ、ラップをかけて電子レンジ(600W)に3分かける。豆腐を加えてさらに3分かけ、1を添えて、温かいうちにいただく。

豆腐とせん切り野菜の生春巻き

生春巻きといってもエスニック風ではなく、
なじみがあって食べやすい、ごま油風味の中華風たれで。
やわらかいきぬ豆腐と、シャキシャキ野菜の絶妙な組み合わせ。

材料・２本分

豆腐（きぬ）　⅓丁
サニーレタス　１枚
きゅうり　¼本
えび　3尾
ライスペーパー　２枚

【たれ】

ごま油　大さじ1
塩　小さじ⅕
しょうゆ　小さじ⅓
ラー油（好みで）　少々

作り方

1. 豆腐はキッチンペーパーに包み、ラップをして電子レンジに2分かける。冷めるまでおき、水気をふいて太めの棒状に切る。
2. サニーレタスときゅうりはせん切りにする。えびはさっとゆでて縦半分に切る。
3. ライスペーパーはぬれたふきんの上にのせ、霧吹きで霧を吹きかけてぬらす。えび、きゅうり、サニーレタス、豆腐の順にのせてしっかりと巻く。同じようにして2本作る。
4. 生春巻きは食べやすく切って盛り、たれを添える。

春キャベツと豆腐のサラダ

豆腐はドレッシングともよく合い、サラダにもぴったり。
せん切りキャベツは、黒こしょうの香りがポイントです。
春キャベツはもちろんですが、ほかの季節のキャベツでもおいしく作れます。

材料・2人分

豆腐(きぬ)　½丁
春キャベツまたはキャベツ　100g
玉ねぎ　⅕個(30g)
塩　ひとつまみ
粗びき黒こしょう　少々
【ドレッシング】
塩　小さじ⅓
こしょう　少々
果実酢または酢　大さじ1½
オリーブ油　大さじ2

作り方

1. キャベツはせん切りにして塩をふり、しばらくおいてしんなりしたら水気を絞る。玉ねぎは繊維に沿って薄切りにし、水にさらして、水気を絞る。
2. ボウルにドレッシングの材料を入れてよく混ぜ、1を加えてあえる。
3. 豆腐はキッチンペーパーで水気をふき、半分に切って器に盛り、2をのせて黒こしょうをふる。

カフェ風豆腐サラダ

葉野菜、ゆで野菜と歯ざわりいろいろな野菜と豆腐のサラダ。
ベーコンを炒めて作るドレッシングでうまみもプラスします。
カリカリのトーストも加えて、ボリュームある一皿に。

材料・2人分

豆腐(きぬ)　½丁
サニーレタス　3枚
サラダほうれん草　2株
スナップえんどう　4枚
ミニトマト　4個
バゲット　2～3㎝

【ベーコンドレッシング】

ベーコン(細切り)　1枚(20g)
オリーブ油　大さじ2
酢　大さじ1½　塩　小さじ⅓
粗びき黒こしょう　少々

作り方

1. サニーレタス、サラダほうれん草は洗って水気を切り、食べやすい大きさにちぎる。スナップえんどうはゆで、半分に裂く。ミニトマトは縦半分に切る。
2. バゲットは軽くトーストして、ひと口大に切る。
3. 豆腐はキッチンペーパーで水気をふき、3㎝角に切り、1、2とともに器に盛る。
4. フライパンにオリーブ油とベーコンを入れてカリッとするまで炒め、火を止めて調味料を加えてよく混ぜ合わせ、3にかける。

豆腐とわかめの酢の物

上質な豆腐なら、酢の物の具にも大活躍。しっかりと水切りをすると、
味がよくなじみます。味つけに白だしを使えば
うまみも加わり、豆腐の白も鮮やかに仕上がります。

材料・2人分

豆腐(きぬ)　½丁
生わかめ　30g
きゅうり　½本
しらす干し　大さじ2
しょうが(せん切り)　少々
A
- 酢　大さじ4
- 砂糖　大さじ2
- 白だし　大さじ1
- 塩　少々

作り方

1. 豆腐は半分に切り、キッチンペーパーに包み、ラップをして電子レンジに3分かける。冷めるまでおき、水気をふいて3㎝長さに食べやすい大きさに切る。
2. わかめはさっと洗って食べやすい大きさに切る。きゅうりは小口切りにする。
3. ボウルにAを合わせ、1、2、しらす干しを加えてあえ、器に盛り、しょうがを添える。

ブロッコリーの白あえ

電子レンジとボウルで仕上げる手軽な白あえ。
豆腐は水切りして粗くつぶすだけ。豆腐の感触が残り、
新鮮なおいしさがあります。ゆで野菜と合わせたサラダ感覚の一品。

材料・2人分

豆腐(もめん)　½丁
鶏ささみ　1本
ブロッコリー　100g
塩・酒　各少々
A
- 白練りごま　大さじ1½
- 砂糖　大さじ1
- しょうゆ　小さじ1
- 塩　小さじ¼

作り方

1. 豆腐は半分に切り、キッチンペーパーに包み、ラップをして電子レンジに3分かける。冷めるまでおき、使う前に水気をふく。
2. 鶏ささみはレンジ対応の皿にのせ、塩、酒をふり、ラップをして電子レンジに5分ほどかける。取り出してそのまま冷まし、手で粗く裂く。ブロッコリーは小房に分けてゆでて冷ます。
3. ボウルに1とAを入れ、へらで豆腐をつぶしながら混ぜ合わせ、2を加えてあえる。

豆腐のディップ

豆腐がベースのディップは、おだやかでやさしい味が万人向きです。
材料をミキサーなどで攪拌するだけと作り方は簡単。
スティック状に切った野菜やポテトチップス、クラッカーなども合います。

材料(作りやすい分量)

【サーモンディップ】
豆腐(きぬ)　½丁
スモークサーモン　約3枚(35g)
にんにく　1片
塩　小さじ⅓
こしょう　少々
スモークサーモン(飾り用)　少々

【枝豆ディップ】
豆腐(もめん)　⅓丁
枝豆　80g
塩　小さじ¼
こしょう　少々
レモン汁　小さじ1
枝豆(飾り用)　少々

作り方

【サーモンディップ】

1. 豆腐は半分に切り、キッチンペーパーに包みラップをして電子レンジに3分かける。冷めるまでおき、使う前に水気をふく。枝豆ディップを作る際も同様に水切りする。
2. サーモンディップを作る。材料をすべてミキサーやハンディプロセッサーでなめらかになるまで攪拌する。

【枝豆ディップ】

1. 枝豆はゆでてさやから取り出し、薄皮を除く。枝豆とほかの材料をミキサーやハンディプロセッサーでなめらかになるまで攪拌する。
2. ディップを器に盛り、それぞれスモークサーモン、枝豆を添える。オーブントースターでカリッと焼いたバゲットなどを添えていただく。

第2章

食卓の真ん中に 豆腐のメインおかず

シンプルなおかずやおつまみとして、
抜群の活躍を見せてくれる
豆腐ですが、実は（！）、
メイン素材としても優秀です。
体にいい大豆をいちばんいい形で
利用できるのが豆腐ですから、
メインのおかずとして
もっともっと利用したいですね。
ハンバーグも揚げ物も煮物も、
みんな豆腐が主役、
人が集まる日のごはんにも最適。

バターじょうゆ豆腐ステーキ

豆腐に粉をまぶしてこんがり焼くと、香ばしくボリュームアップします。
野菜も一緒に炒めて添えれば主菜になり、
バターじょうゆ味はご飯がすすみます。

材料・2人分

豆腐(もめん)　½丁
かぼちゃ　40g
生しいたけ　4枚
しめじ　½パック(50g)
ミニトマト　4個
にんにく(薄切り)　1片
塩・こしょう　各少々
小麦粉　適量
A［しょうゆ　大さじ1
　　酒　大さじ2
バター　大さじ2

作り方

1. 豆腐は厚みを半分に切り、キッチンペーパーに包み、ラップをして電子レンジに3分かける。冷めるまでおき、使う前に水気をふく。
2. かぼちゃ、しいたけは薄切りにする。しめじは小房に分ける。
3. フライパンにバター大さじ1を溶かし、かぼちゃとミニトマトを入れて焼き、火が通ったらいったん取り出す。
4. 豆腐に塩・こしょう各少々をふり、小麦粉をまぶす。フライパンにバター大さじ½を溶かして豆腐の両面を焼く。器に盛り、3の野菜を添える。
5. フライパンに残りのバターを溶かし、にんにくときのこをしんなり炒めてAを加え、煮立ったら4にかける。

小麦粉を薄く、まんべんなくまぶす。
こんがり焼き色がつき崩れにくくなる。

中火でこんがり焼く。両面に焼き色がつけばOK。焼きすぎないように。

豆腐ごろっとハンバーグ

ハンバーグの中には大きな豆腐入り。ジューシーなひき肉と
やわらかい豆腐の絶妙な組み合わせです。
ケチャップベースのソースにみそを混ぜて、ご飯にも合う味に。

材料・6個分

豆腐(きぬ)　½丁
合いびき肉　360g
玉ねぎ　中1個
A［卵　2個
　 パン粉　大さじ5

塩　小さじ½
こしょう・ナツメグ　各少々
サラダ油　適量
クレソン　少々

【ソース】
トマトケチャップ　大さじ2
赤ワイン　大さじ1
みそ　小さじ2
固形スープの素　¼個
水　⅓カップ

作り方

1. 豆腐は半分に切ってキッチンペーパーに包み、ラップをして電子レンジに3分かける。冷めるまでおき、使う前に水気をふいて6等分に切る。
2. 玉ねぎはみじん切りにし、フライパンにサラダ油小さじ2を熱して透き通るまで炒めて冷ます。
3. ボウルにひき肉、2、Aを入れてよくこねて6等分する。手にのせて軽くのばし、1をのせて包み、両手でキャッチボールをして空気を抜く。同様に6個作る。
4. フライパンにサラダ油小さじ1を熱し、3を並べて中火で両面をこんがりと焼く。ふたをして弱火で焼いて中まで火を通す。焼けたらつけ合わせとともに器に盛る。
5. フライパンにソースの材料を入れて煮詰め、とろりとなったら4にかけ、クレソンを添える。

豆腐のおいしさを味わえるように、大きめに切り分ける。

●つけ合わせ

じゃがいも小4個は洗い、皮つきのまま1cm厚さに輪切りにして電子レンジに4分ほどかけ、フライパンにサラダ油少々を熱してカリッとするまで焼いて塩少々、パセリのみじん切りをふる。にんじん小½本は3～4cmのクシ形に切って、ひたひたの水とバター小さじ2、砂糖大さじ1でやわらかくなるまで煮る。

ハンバーグだねを手でのばし、豆腐をのせて包み込む。

マーボー豆腐

豆板醤の代わりに、赤唐辛子と八丁味噌で作るマーボー豆腐です。
みそ味はなじみがあり、辛みはほんのりで子どもにも食べやすい味。
豆腐はフライパンの中で崩すと味がよくからみます。

炒め始める前に調味料を合わせておく。
味の決め手は八丁味噌。

ひき肉にほぼ火が通ったら、水切りした豆腐を加える。

豆腐はざっと崩し、温まったら合わせ調味料を加えて煮立てる。

材料・２人分

豆腐（きぬ）　½丁
豚ひき肉　50g
長ねぎ（みじん切り）　大さじ１強
にんにく・しょうが（みじん切り）　各小さじ½
赤唐辛子（小口切り）　½本分
A
- 八丁味噌　大さじ½強
- しょうゆ・酒　各大さじ½
- 片栗粉　小さじ½
- チキンスープ＊　¼カップ

サラダ油　大さじ1強
香菜　少々

＊チキンスープは鶏ガラスープの素を表示通りに溶いたものでもよい。

作り方

1. 豆腐は半分に切ってキッチンペーパーに包み、ラップをして電子レンジに3分かける。冷めるまでおき、使う前に水気をふいて6等分に切る。
2. Aを合わせておく。
3. フライパンにサラダ油、にんにく、しょうがを入れて弱火にかけて炒める。香りが出たら長ねぎ、ひき肉、赤唐辛子を加えて中火で炒める。
4. ひき肉にほぼ火が通ったら１を加え、豆腐を大きく崩す。豆腐が温まったら２を加え、火を少し強めて煮立て、とろみがついたら火を止める。あれば香菜を添える。

豆腐と豚肉のチャンプルー

具だくさんの炒め物は、彩り華やかで食卓がにぎやかに。
野菜にほぼ火が通ったら豆腐を加え、豆腐があまり崩れないように
静かに炒めます。最後に卵でとじて、全体をまとめると食べやすい。

材料・2人分

豆腐（もめん）　½丁
豚バラ薄切り肉　50g
〈下味〉　塩・こしょう　各少々
青梗菜　1株
パプリカ（赤）　½個
もやし　⅓袋
卵　1個
A［塩・こしょう　各少々
　 しょうゆ・酒　各大さじ1
サラダ油　大さじ1
削りぶし　適量

作り方

1. 豆腐は半分に切ってキッチンペーパーに包み、ラップをして電子レンジに3分かける。冷めるまでおき、使う前に水気をふいてひと口大に切る。
2. 豚肉は3㎝長さに切り、塩、こしょうをふる。青梗菜は茎と葉に分けて切り、茎は縦半分に切ってさらに薄切りにし、葉は3㎝長さに切る。パプリカは縦に細切りにする。もやしは根を摘む。卵は溶いておく。
3. フライパンにサラダ油を熱し、豚肉を炒める。色が変わったら青梗菜の茎、パプリカ、もやし、青梗菜の葉の順に加えて炒め合わせる。
4. 3に豆腐を加えて炒め、温まったらAで味をととのえ、卵を回し入れて大きく混ぜ、卵に火が通ったら火を止める。
5. 器に盛り、削りぶしを散らす。

豆腐はしっかりと水切りして大きめのひと口大に切る。

豚肉と野菜を炒めたところに豆腐を加え、静かに炒め合わせる。

生ハムと青じそ巻きフライ

きぬ豆腐を２種類のフライにしました。生ハムは塩気とうまみが、
青じそは香りが楽しめます。衣は卵を使わずに
水溶きの粉とパン粉で仕上げるので、豆腐のやさしい味が残ります。

材料・２人分

豆腐(きぬ)　½丁
生ハム　４枚
青じそ　４枚
塩・こしょう　各少々
A［小麦粉　大さじ5
　 水　大さじ4
パン粉・揚げ油　各適量

豆腐に塩、こしょうをして下味をつけ、生ハムと青じそを巻きつける。

水溶きの小麦粉を全体につけてからパン粉をまぶしつけて揚げる。

作り方

1. 豆腐は半分に切ってキッチンペーパーに包み、ラップをして電子レンジに3分かけ、冷めるまでおいて水気をふく。
2. 豆腐は厚みを4等分に切る。塩、こしょうをふり、生ハム、青じそをそれぞれ巻く。
3. Aをよく混ぜる。
4. 豆腐に3、パン粉の順につけ、160℃に熱した揚げ油に入れてカラリとするまで揚げる。好みでレモンを絞っていただく。

五目野菜入りふわふわ揚げ

豆腐たっぷりに、長いも入りのたねは、揚げるとふわふわの口当たり。
手作りのがんもどきならではの味です。
煮た野菜は、汁気をよく切ってから混ぜるのがポイント。

材料・2人分

豆腐(もめん)　½丁
ゆでたけのこ　小⅓本(30g)
にんじん　⅕本(30g)
干ししいたけ　2枚
青じそ　3枚
長いも　50g
A［だし汁　½カップ
　 白だし・みりん　各大さじ1
片栗粉　大さじ1
揚げ油　適量
【天つゆ】
だし汁　½カップ
しょうゆ・みりん・酒　各大さじ1

作り方

1. 豆腐は半分に切ってキッチンペーパーに包み、ラップをして電子レンジに3分かけ、冷めるまでおいて水気をふく。
2. たけのこ、にんじんは1㎝角に切る。干ししいたけはもどして軸を除き、1㎝角に切る。鍋にAとともに入れ、中火で汁気がほぼなくなるまで煮る。汁気を切って冷ます。
3. 青じそはせん切りにする。長いもは皮をむいてすりおろす。
4. ボウルに豆腐を入れてつぶし、2、3、片栗粉を加えてよく混ぜる。
5. 揚げ油を170℃に熱し、4をスプーンですくい、もう1本のスプーンで丸めながら油に入れて揚げる。こんがりと色づいてきたら引き上げる。
6. 小鍋に天つゆの材料を入れてひと煮立ちさせる。器に5を盛り、あればすだちなどのかんきつ類を添え、天つゆも添える。

野菜の汁気はよく切ること。よく混ぜ合わせてたねを作る。

スプーン1本でたねをすくい、もう1本で形作って油に落とす。

かしわ肉豆腐

かしわ(鶏肉)で作る肉豆腐。長ねぎは油で焼いて香ばしさをつけ、
甘みを引き出してから煮るとコクが出ます。
鶏肉は煮すぎるとかたくなるので、煮すぎないように注意しましょう。

材料・2人分

豆腐(もめん)　½丁
鶏もも肉　⅓枚(80g)
長ねぎ　1本
A
- だし汁　½カップ
- 酒・みりん　各大さじ1
- 砂糖　大さじ1½
- しょうゆ　大さじ1

サラダ油　大さじ1

ねぎを転がしながら焼いて、香ばしい香りをつけて甘みを引き出す。

煮汁が煮立ったら鶏肉を入れてさっと火を通し、そこに豆腐を加える。

作り方

1. 豆腐は12等分に切る。鶏肉はひと口大に切る。長ねぎは5㎝長さに切る。
2. フライパンにサラダ油を熱し、ねぎを転がしながら中火で焼きつけて取り出す。
3. フライパンにAを煮立て、鶏肉を加えてさっと火を通し、豆腐を加えて3～4分煮る。ねぎを戻して温めて器に盛り、好みで七味唐辛子を添える。

空也蒸し

豆腐入りの茶碗蒸しに、あんをかけたものが空也蒸し。
ほんのりやさしい味で、しょうががアクセントです。代わりにわさびでも。
すし飯と相性がいいので、簡単な鮭の混ぜずしと一緒にどうぞ。

材料・２人分

豆腐（きぬ）　¼丁
卵　１個
A
- だし汁　⅔カップ
- みりん・薄口しょうゆ　各小さじ1
- 塩　小さじ¼

しょうが（すりおろす）　少々

【あん】

だし汁　大さじ6
薄口しょうゆ・みりん・酒　各大さじ½
塩　少々
片栗粉　小さじ2

作り方

1. 豆腐は６等分に切る。
2. 卵を溶きほぐし、Ａを加えて混ぜてこす。
3. 器に豆腐を等分に入れ、２の卵液を注ぐ。蒸気が上がった蒸し器に入れ、弱火で15分蒸す。
4. 小鍋にあんの材料を入れ弱めの中火にかけ、混ぜながら煮立て、とろみがついたら３にかけ、しょうがを添える。

●鮭の混ぜずしを添えて

甘塩鮭１切れに酒少々をふり、電子レンジにかけて火を通し、皮と骨を除いて身をほぐす。きゅうり½本はせん切り、しょうが少々もせん切りにし、すし飯２人分に加えて混ぜる。

豆腐を入れた器に、こした卵液を注ぐ。

卵液を等分に入れたら蒸す。豆腐の頭が出ていてもＯＫ。

きのこたっぷり豆乳鍋

豆乳をベースにしたスープはまろやかで、
どの世代でも食べやすい鍋に。白だしのおだやかな味は、豆乳と豆腐の
おいしさが引き立ちます。具は豆腐のほか、肉や野菜はお好みで。

材料・2～3人分

豆腐(きぬ)　1丁
豚バラ薄切り肉　100g
白菜　¼株
長ねぎ　½本
生しいたけ　6枚
えのきたけ　小1袋
しめじ　1パック
春菊　½束
くずきり＊　½袋
A［だし汁　2カップ
　 豆乳　1カップ
　 白だし　1カップ

＊ない場合は、市販の
「マロニー」が手軽。

作り方

1. 豆腐は食べやすい大きさに切る。
2. 白菜は縦半分に切り、さらに4～5cm長さに切る。長ねぎは1cm幅に斜めに切る。生しいたけは軸を除く。えのきたけは根元を除く。しめじは根元を除き、小房に分ける。春菊は半分に切る。
3. くずきりは下ゆでする。
4. 鍋にAを入れて火にかけ、温まったら豆腐、豚肉、野菜を入れる。野菜に火が通ったらくずきりを加えて温まったらいただく。

●鍋のあとは雑炊に

具を食べたら、煮汁にご飯を加えて軽く煮る。溶いた卵を流し入れて、好みのかたさに火を通す。器に盛り、万能ねぎの小口切りを散らす。

とろける湯豆腐鍋

九州嬉野温泉で有名な温泉湯豆腐。弱アルカリの水に豆腐を入れて
煮ると、豆腐はとろとろの口当たりに。また違った豆腐が味わえます。
豆腐のあとに肉をしゃぶしゃぶしたり、野菜を入れて楽しんでも。

材料・2人分

豆腐(もめん)　1丁
「とろける湯豆腐の素」(下記参照)　1袋
ポン酢しょうゆ　適量
【薬味】
柚子こしょう・柚子の皮(せん切り)・長ねぎ(小口切り)
各適量

作り方

1. 鍋に「とろける湯豆腐の素」を入れ、食べやすい大きさに切った豆腐を入れて中火にかける。
2. 豆腐の角が崩れて、汁が白濁してきたら豆腐を器に盛り、ポン酢しょうゆをかけ、好みの薬味でいただく。

とろける湯豆腐の素
九州嬉野温泉と同じ、弱アルカリの水です。お鍋に入れて温めるだけで、手軽に温泉豆腐が楽しめます。1袋500mℓ入り／おとうふ工房いしかわ。

蒲焼き丼 ひつまぶし風

豆腐にれんこんを混ぜてこんがり焼き、蒲焼き風の甘辛いたれをからめます。これをご飯にのせて丼に。そのままでも美味ですが、ひつまぶし風に薬味やのりを添え、楽しみましょう。

れんこんの¼はみじん切りにして歯ごたえを残し、残りはおろしてつなぎにする。

豆腐はなめらかにつぶして、れんこんなどを混ぜてたねを作る。

焼きのりと青じその片面に、豆腐だねをのせて平らにならす。

材料・2人分

豆腐(もめん)　½丁
れんこん　小½節(70g)
A［塩　少々
　 片栗粉　大さじ1
焼きのり　全形½枚
青じそ　4枚
片栗粉　少々
ご飯(雑穀)　茶碗2杯分
ごま油　大さじ1
【蒲焼きのたれ】
みりん　大さじ4
酒・しょうゆ　各大さじ2
【薬味】
万能ねぎ(小口切り)・焼きのり(細切り)・
柚子こしょう　各適宜

作り方

1. 豆腐は半分に切ってキッチンペーパーに包み、ラップをして電子レンジに3分かけて冷めるまでおく。れんこんは皮をむき、¼はみじん切りにし、残りはすりおろす。
2. ボウルに豆腐を入れてつぶし、Aとれんこんを加えて混ぜる。
3. 青じそに片栗粉を薄くふり、半分に切った焼きのりとともに2をのせて平らにならす。
4. 小鍋に蒲焼きのたれの材料を入れて中火にかけ、軽く煮詰める。
5. フライパンにごま油を熱し、3を豆腐だねの面から入れて中火でじっくり焼く。焼き色がついたらのり、青じその面はさっと焼き、4をからめてご飯にのせ、残りのたれもかけて薬味を添える。

豆腐そぼろのドライカレー

豆腐とみじん切りの野菜だけのヘルシーなドライカレー。
肉はなくても、食べごたえは満点！　エリンギの歯ごたえと、
豆腐は粗めにつぶして口当たりを残すことがポイントです。

材料・2～3人分

豆腐（もめん）　1丁
玉ねぎ　中1個
にんじん　⅔本（100g）
セロリ　⅓本（40g）
エリンギ　小1本（40g）
にんにく・しょうが
（ともにすりおろす）　各½片
サラダ油　大さじ1

A
- カレールウ（フレークタイプ）　65g
- トマトケチャップ　小さじ2
- ウスターソース　大さじ½
- 塩　小さじ½
- こしょう　少々

ご飯　茶碗2杯分
スライスアーモンド・パセリ
（みじん切り）　各少々

作り方

1. 豆腐は半分に切ってキッチンペーパーに包み、ラップをして電子レンジに4分かけて冷めるまでおく。目の粗いザルに入れ、押しながらそぼろ状にする。
2. 野菜はすべてみじん切りにする。
3. フライパンにサラダ油とにんにく、しょうがを入れて火にかけ、香りが出たら野菜を炒め、しんなりしたら豆腐を加えてさっと混ぜ、Aを加えて水分を飛ばすように炒めて全体をなじませる。
4. 器にご飯と3を盛り、スライスアーモンド、パセリを散らす。

●ミニサラダを添えて

ベビーリーフは洗って水気を切り、薄皮をむいてひと口大に切ったオレンジとともに器に盛り、好みのドレッシングをかける。

豆腐は目の粗いザルでつぶし、そぼろ状にして豆腐の口当たりを残す。

野菜がしんなりしたら豆腐を混ぜ、調味料を加えて炒め合わせる。

豆腐とベーコンと野菜のキッシュ

卵とクリームの生地に具を加えて焼き上げた塩味のパイがキッシュ。
具にもキッシュ生地にも、豆腐を使っているので軽い味わいに。
野菜もたっぷりで、朝や昼ごはんにもおすすめです。

豆腐⅔丁は大きめに切って具材にする。ベーコンは炒めるとおいしい。

キッシュ生地はフードプロセッサーなどにかけると簡単。

キッシュ生地を型の八分目まで流し入れて、オーブンで焼く。

材料・直径22cmタルト型1台分

豆腐(もめん)　1丁
ベーコン　2～3枚(50g)
グリーンアスパラガス　3本
ブロッコリー　5房
パプリカ(赤・黄)　各¼個
ミニトマト　5個
冷凍パイ生地　1枚

【キッシュ生地】

生クリーム　120mℓ
卵　2個
塩　小さじ½
こしょう　少々

作り方

1. 豆腐は3等分に切ってキッチンペーパーに包み、ラップをして電子レンジに4分かけて冷めるまでおく。
2. 豆腐⅔丁分は3cm角に切る。ベーコンは1cm幅に切り、さっと炒める。アスパラガスはゆでて5～6cm長さに切る。ブロッコリーは軽くゆでる。パプリカは縦に細切りにし、さらに横半分に切る。ミニトマトは半分に切る。
3. 豆腐⅓丁分、キッシュ生地の材料をフードプロセッサーやミキサーにかけてなめらかに攪拌する。または豆腐をつぶし、溶いた卵と残りの材料を加えて泡立て器でなめらかに混ぜてもよい。
4. パイ生地を型よりも少し大きめにのばし、型に敷き込み、フォークで全体に穴をあける。2を並べ、3のキッシュ生地を流し入れ、170℃のオーブンで約35分焼く。

第3章

もっと手軽に使って豆腐でいつものおかず

あと一品ほしい時、
お昼ごはんを考える時、
どんな素材を組み合わせるか、
どうやって味に変化をつけるか、
メニュープランに悩むところです。
そんな時に豆腐があれば、
スピードおかずも、どんぶりも、
麺だってとっても簡単。
お弁当のおかずにもぴったりです。
いつもの肉や魚に替えて使えば、
カロリー調整もできますね。

野菜とあさりのいり豆腐

豆腐と野菜などをいり煮にしたおなじみのおそうざい。
最後に卵を混ぜるとふんわりと仕上がり、うまみも増します。

材料・2人分

豆腐(もめん)　½丁
にんじん　約⅓本(40g)
生しいたけ　2枚
さやいんげん　3本
あさりのむきみ　30g
卵　1個
A ［だし汁・しょうゆ　各大さじ2
　　砂糖　大さじ1
サラダ油　大さじ1

作り方

1. にんじんは薄いいちょう形に切り、しいたけは軸を除いて8等分に切る。さやいんげんはさっと下ゆでして長めに斜めに切る。
2. あさりはザルに入れ、薄い塩水の中でふり洗いして水気を切り、さっとゆでる。
3. フライパンにサラダ油を熱し、あさり、にんじん、しいたけを炒める。油がまわったらAを加えて中火で煮る。にんじんにほぼ火が通ったら豆腐を手で大きくちぎって加え、混ぜながら煮る。
4. 汁気がほぼなくなったら溶いた卵を回し入れて、さっと混ぜ火を止めてさやいんげんを散らす。

にらにんにく豆腐

豆腐は焼きつけ、炒めたにらをのせます。にらにしっかりした味と
とろみをつけ、豆腐を崩してからめながらいただきます。

材料・2人分

豆腐(もめん)　½丁
にら　1束弱(80g)
にんにく(薄切り)　1片

A
- チキンスープ＊　½カップ
- 酒　大さじ1
- 塩　小さじ½
- 片栗粉　小さじ2

ごま油　大さじ1

＊チキンスープは鶏ガラスープの素を表示通りに溶いたものでよい。

作り方

1. 豆腐は半分に切り、さらに厚みを3等分に切ってキッチンペーパーで水気をふく。にらは3～4㎝長さに切る。
2. フライパンにごま油大さじ½とにんにくを入れて弱火にかけて香りを出す。にんにくは除いて豆腐を並べ、両面を焼きつけて器に盛る。
3. フライパンに残りのごま油を追加し、にらをさっと炒め、Aを加えて煮る。軽くとろみがついたらにんにくを戻して2にかける。

豆腐シューマイ

ハムで手軽に作るシューマイです。材料を刻んで豆腐と混ぜるだけ。
ポイントは、豆腐はしっかり水切りしてつぶすこと。

材料・10個分

豆腐(もめん)　½丁
れんこん　小¼節(40g)
玉ねぎ　¼個(40g)
ロースハム　2枚
シューマイの皮　10枚
片栗粉　大さじ½
A
- 塩　小さじ⅓
- 砂糖　少々
- ごま油　小さじ1

レタス　2～3枚

作り方

1. 豆腐は半分に切り、キッチンペーパーに包み、ラップをして電子レンジに3分かけて冷めるまでおく。新たにキッチンペーパーで包んで粗くつぶす。
2. れんこんは皮をむき、玉ねぎとともにみじん切りにする。ハムもみじん切りにし、飾り用に少量を残す。
3. ボウルに2を入れ、片栗粉を加えて混ぜ合わせ、1、Aも加えてしっかり混ぜて10等分する。
4. シューマイの皮に3をのせて包み、上に飾り用のハムをのせる。レタスを敷いた蒸し器に並べ、蒸気が上がったところにのせて中火で10分ほど蒸す。

くずし豆腐とトマトのそうめん

豆腐とトマトをのっけたそうめん。つゆはゼラチンで固めてジュレにすると、
めんにも具にもからんで食べやすくなります。

材料・2人分

豆腐(もめん)　½丁
トマト　1個
青じそ　2枚
そうめん　2束(100g)
【つゆジュレ】
だし汁　1½カップ
しょうゆ・みりん　各大さじ2⅓
粉ゼラチン　1袋(5g)

作り方

1. つゆジュレを作る。水大さじ2に粉ゼラチンをふり入れて10分ほどおいてふやかす。鍋にだし汁、しょうゆ、みりんを入れて火にかけ、温まったらふやかしたゼラチンを加えて混ぜながら煮溶かす。バットなどに移して冷蔵庫で冷やす。
2. 豆腐はざっと崩してキッチンペーパーの上にのせて水切りをする。トマトは小さめの角切りにし、青じそはせん切りにする。
3. そうめんはゆでて流水で洗い、水気を切って器に盛る。2をのせて1のジュレをスプーンで粗く崩してかける。青じそをのせる。

豆腐とねばねばのっけ丼

豆腐とねばねばものと、しらすののっけ丼。崩した豆腐が全体のつなぎ役。
手軽で食欲がないときでも、するっと食べられます。

材料・２人分

豆腐(もめん)　⅓丁
長いも　100g
しらす干し　⅓カップ
なめこ　１袋(100g)
オクラ　５本
塩　少々
ご飯　茶碗２杯分
だしじょうゆ　適量

作り方

1. 長いもは皮をむいて細切りにする。しらす干しはザルに入れて熱湯を回しかける。なめこはさっとゆで、水気を切る。オクラはさっと塩ゆでし、小口切りにする。
2. ご飯に1と崩した豆腐をのせ、だしじょうゆをかけていただく。

冷ややっこ丼

温かいご飯に、すくった豆腐をのせた丼。上質な豆腐だからできる食べ方です。
卵黄をくずして豆腐にからめていただきます。

材料・2人分

豆腐(きぬ)　½丁
焼きのり　全形1枚
卵黄　2個分
ご飯(雑穀)　茶碗2杯分
だしじょうゆ　適量

作り方

1. 器にご飯を盛り、細かくもんだのりを散らし、豆腐をすくってのせる。卵黄をのせて、だしじょうゆをかけていただく。

肉巻き豆腐カツ

味はまさにトンカツですが、もめん豆腐に薄切り肉を巻きつけて
揚げたもの。ヘルシーな一品。ソースをたっぷりかけて、
せん切りキャベツとともにサンドイッチにしても。お弁当にぴったりです。

材料・2人分

豆腐(もめん)　1丁
豚バラ薄切り肉　4枚
塩・こしょう　各少々
A［小麦粉　大さじ4
　 水　大さじ3
パン粉・揚げ油　各適量

作り方

1. 豆腐は半分に切り、キッチンペーパーに包み、ラップをして電子レンジに4分かける。冷めるまでおき、使う前に水気をふく。塩、こしょうをふり、豚肉を巻きつける。
2. Aを混ぜて1の全体につけ、パン粉をまぶす。揚げ油を170℃に熱して入れ、カラリとするまで揚げる。

豆腐は水切りして塩、こしょうをふる。

豆腐に豚肉を巻きつける。

お弁当に

❶食パン(6枚切り)2枚は軽くトーストし、バター小さじ2をぬる。キャベツ½枚はせん切りにする。
❷パン1枚にキャベツ→カツ→キャベツの順にのせてウスターソースをかけ、もう1枚のパンでサンドする。半分に切って箱に詰め、好みのフルーツなどを添える。

豆腐卵焼き

卵液に崩した豆腐を混ぜて
厚焼き卵に。
豆腐は大きな部分が残ったほうが美味。

材料・2人分

豆腐(きぬ)　¼丁
卵　2個
A
- 砂糖　大さじ1
- 塩　小さじ⅓
- 薄口しょうゆ　小さじ1

サラダ油　適量

作り方

1. ボウルに卵を割り入れてほぐし、Aを混ぜ、豆腐を大きく崩して加え、さらに混ぜる。
2. 卵焼き器にサラダ油を熱し、1の卵液を3～4回に分けて流し入れ、厚焼き卵を焼く。

卵液に豆腐を崩して加え、さらに豆腐をつぶしながら混ぜる。

お弁当に

❶なますを作る。大根100ｇ、にんじん30ｇはせん切りにし、別々に塩各少々をふってもみ、しんなりしたら水洗いして水気を絞る。砂糖大さじ2、酢大さじ3、塩小さじ⅓を混ぜた甘酢とあえる。
❷お弁当箱に雑穀ご飯などとともに、食べやすく切った春巻きスティック、卵焼き、なますを詰め、好みのフルーツを添える。

春巻きスティック

豆腐と相性のいい梅しそ味。
細めに揚げてカリッとさせると、
豆腐とのバランスもよし。

材料・10本分

豆腐(きぬ)　½丁
青じそ　10枚
梅干し　1～2個
春巻きの皮　5枚
塩　小さじ½
小麦粉　少々
揚げ油　適量

作り方

1. 豆腐は半分に切り、塩を全体にまぶしてキッチンペーパーに包んでひと晩(最低でも2時間)冷蔵庫において水切りをする。塩気をしっかりふき取り、20等分する。
2. 青じそは縦半分に切る。梅干しは種を除いて果肉を細かくたたく。
3. 春巻きの皮は半分に切り、手前に青じそ1枚分をのせ、梅ペーストをぬり、豆腐2切れをのせる。皮の端に小麦粉を水で溶いたのりをぬって棒状に巻き、両端を押さえて留める。同じようにして10本作る。
4. 揚げ油を170℃に熱し、3を入れてカラリとするまで揚げる。

春巻きの皮に青じそ→梅→豆腐の順にのせる。

コラム 1

豆腐からみそ汁を考える

きぬには豆みそがおすすめ

みそ汁を毎食作らない家庭が増えたといわれます。といっても、みそ汁は日本の食卓には欠かせないもの。

ここでは豆腐からみその種類や具の組み合わせを考えてみます。

まずは、きぬ。なめらかな口当たりには、コクのある豆みそ、八丁味噌で。大豆と大豆ですから、どうしたって相性はよいわけです。

豆腐（きぬ）

水抜きをしないで固めるきぬは、すべすべした質感となめらかな口当たりが身上。淡味が持ち味なので、コクのあるみそが合います。

八丁味噌

豆麹を使い、長期間熟成させて作る暗褐色のみそ。大豆そのものの風味を持ちます。濃厚なうまみがあり、独特の風味がきぬにはぴったりです。

吸い口

汁に香りをつけるもの。八丁味噌には、粉山椒のツンとした少し強めの香りが合います。それに青ねぎの香り。まさにきぬのみそ汁の味をアップする黄金の組み合わせです。

きぬでみそ汁

材料・２人分

豆腐（きぬ）　½丁
削りぶし（花かつお）　¼カップ
八丁味噌　大さじ2
粉山椒　少々
青ねぎ（2㎝長さに切る）　適量

作り方

1. 鍋に水１½カップを火にかけ沸騰したら火を弱め、削りぶしを入れて30秒ほどおいて火を止める。かつお節が沈んだらこす。
2. 鍋に１を入れて温め、半分に切った豆腐を入れて温め、みそを溶き入れる。
3. 器に盛り、粉山椒、青ねぎを添える。

米みそは
もめんのうまさを
引き立てます

水抜きをする分、濃厚な味わいのもめん。きぬに比べると、口当たりは少しもっちりとしています。豆の風味が強いもめんはどんなみそでも合いますが、中でもおすすめは米みそ。米の麹が豆腐のおいしさを引き出してくれます。

きぬ、もめん、どちらの豆腐のみそ汁も、だし汁は昆布ではなく、魚のうまみの削りぶしでとったものが美味です。

豆腐（もめん）

もめんは、豆のおいしさが残ります。包丁で切り分けるだけでなく、手で大きく崩したり、または油で炒めてから煮たりと、変化が楽しめるのがもめんの魅力です。

米みそ

ベースは大豆で、米の麹で作るみそ。色は赤褐色や淡色、白など、味も辛口、甘口と種類がたくさん。豆みそよりは熟成期間が短いので、渋みや苦みはやや少なめ。

あしらい

汁の主になる素材を引き立てる、副素材です。ごま油で炒めたみそ汁には、さわやかな香りのみつばがおすすめ。豆腐、みそ、あしらいの3つが互いに引き立て合います。

もめんでみそ汁

材料・2人分

豆腐（もめん）　½丁
削りぶし（花かつお）　¼カップ
米みそ　大さじ2
ごま油　小さじ1
みつば　少々

作り方

1. 鍋に水1½カップを火にかけ沸騰したら火を弱め、削りぶしを入れて30秒ほどおいて火を止める。かつお節が沈んだらこす。
2. 鍋にごま油を熱し、豆腐を大きく崩して入れてさっと炒める。１を加えて温め、みそを溶き入れる。
3. 器に盛り、刻んだみつばをあしらう。

具だくさんの汁にはもめん

豆腐が欠かせないけんちん汁は、豆腐のほかにも具がたくさん入るみそ汁です。ほかの具に負けないように、豆腐はもめんが合います。

具が多く、それからもだしが出るので、みそは個性的なものよりもバランスがよいものが合うので、合わせみそで作ります。合わせみそは、使うみそによって風味が生まれるので、好みの合わせ具合を試してみましょう。

豆腐（もめん）

具だくさんのけんちん汁には、豆の味が残るもめんで。また豆腐は崩して使うので、もめんのほうが煮崩れません。どんな具とも合わせやすい、万能な豆腐だから作れるみそ汁です。

合わせみそ

合わせみそは、米みそ×豆みそなどのように、二種以上の異なるみそを合わせたもの。単一品では出せないうまみや風味が生まれます。合わせるみそで、味わいが変わってきます。

具

精進料理から生まれたけんちん汁は、肉は使わずに、ごぼうやにんじん、大根などの根菜が定番です。ほかに、里いもやこんにゃく、油揚げなど好みのもので。

もめんでけんちん汁

材料・3～4人分

豆腐（もめん）　½丁
ごぼう　⅕本
にんじん　⅕本
大根　50g
里いも　1個
こんにゃく　⅙丁（40g）
油揚げ　½枚
糸昆布（乾燥）　3g
だし汁　3カップ
合わせみそ　大さじ2½
長ねぎ（斜め切り）　少々

作り方

1. ごぼうはささがきにしてさっと水にさらす。にんじん、大根、こんにゃくは短冊形に切り、里いもは皮をむいて薄い半月形に切る。油揚げは細切りにする。糸昆布は少量の水につけてもどし、キッチンばさみで5㎝長さに切る。
2. 鍋にだし汁と1を入れて火にかけて煮る。野菜がやわらかくなったら豆腐を崩しながら加える。豆腐が温まったらみそを溶き入れ、長ねぎを加えて火を止める。

コラム2

少し残った豆腐、どう食べる

豆腐ギョーザ

濃厚なもめんなら、ひき肉の代わりにも。
水切りして野菜と混ぜて皮に包みます。

材料・12個分

豆腐（もめん）　¼丁
キャベツ　大½枚　にら　2本
にんにく　少々　塩　少々
片栗粉　小さじ2
A（しょうゆ大さじ1
ごま油小さじ2　しょうが汁少々）
ギョーザの皮　12枚
サラダ油　少々

作り方

1. 豆腐は電子レンジにかけてしっかり水切りして（P92参照）、粗くつぶす。
2. キャベツ、にら、にんにくはみじん切りにする。塩をふっておき、水気を絞る。ボウルに入れ、片栗粉を混ぜ、1とAを加えて混ぜ合わせ、12等分する。
3. ギョーザの皮に2をのせて包む。
4. フライパンにサラダ油を熱して3を並べて焼く。水½カップを注ぎ、ふたをして蒸し焼きにし、最後はふたをはずして水分を飛ばしてカリッと焼く。

簡単田楽

豆腐と相性のいい八丁味噌のたれを
のせてオーブントースターで焼くだけ。

材料・4個分

豆腐(もめん)　⅓丁
みそだれ＊(八丁味噌30g　卵黄1個分　みりん大さじ1½　酒大さじ1　砂糖小さじ2)

＊多めにできる。残りはP75「豆腐の紙包み焼き」やあえ物などに。

作り方

1. 豆腐は電子レンジにかけてしっかり水切りして(P92参照)、4等分する。
2. みそだれの材料を鍋に入れて弱火にかけ、混ぜながら火を通す。
3. オーブントースターの天板にアルミホイルを敷き、豆腐を並べて10～12分焼き、2をのせて5分焼いて串に刺す。

豆腐ポタージュ

長いもを加えると、よりとろんとした
なめらかな口当たりになります。

材料・2人分

豆腐(きぬ)　¼丁　長いも　80g
チキンスープ＊　1カップ
塩・粗びき黒こしょう　　各少々

＊チキンスープは鶏ガラスープの素を表示通りに溶いたものでよい。

作り方

1. ミキサーに豆腐、皮をむいて3～4つに切った長いも、チキンスープを入れてなめらかになるまで攪拌する。
2. 1を鍋に移して温め、味をみて塩でととのえ、器に盛って黒こしょうをふる。

サンラータン麺

野菜と一緒に煮て、麺類の具に。
やわらかい豆腐で麺がひと味アップ。

材料・2人分

豆腐(きぬ)　⅓丁
豚バラ薄切り肉　40g
ゆでたけのこ　小⅓本(60g)
干ししいたけ　1枚
しょうが　½かけ　絹さや　2〜3枚
中華麺(乾麺)　2束(120g)
A(チキンスープ*3カップ
酢大さじ3　酒大さじ1
塩小さじ1)
ごま油　大さじ½

*チキンスープは鶏ガラスープの素を表示通りに溶いたものでよい。

作り方

1. 干ししいたけは水につけてもどし、軸を除いて薄切りにする。豚肉は2㎝幅に切り、たけのこはひと口大の薄切りにする。しょうがは薄切りに。絹さやは筋を除いて、さっとゆでて斜めに切る。
2. 鍋にごま油を熱し、豚肉、しいたけ、たけのこ、しょうがをさっと炒める。Aを加えて煮立て、ひと口大に切った豆腐を加えて温める。
3. 中華麺はゆでて、湯を切って器に入れ、2をかけて絹さやを散らす。好みで黒酢をかけても美味。

豆腐の紙包み焼き

紙で包んで焼くと、ふっくら蒸し焼きに。
相棒はきのこがおすすめ。

材料・2人分

豆腐(もめん)　⅓丁　玉ねぎ　20g
しめじ　¼パック　生しいたけ　1枚
みそだれ(P73「簡単田楽」参照、または市販のもの)　小さじ4

作り方

1. 豆腐は厚みを半分に切り、キッチンペーパーで水気をふく。
2. 玉ねぎは薄切りにする。しめじは小房に分け、しいたけは薄切りにする。
3. オーブン用ペーパーに玉ねぎを敷き、豆腐をのせてみそだれをぬる。きのこをのせて塩少々(分量外)をふり、ペーパーで包んで口を閉じる。オーブントースターで10分ほど焼く。

揚げ豆腐そば

豆腐に粉をまぶして揚げ、汁そばの具に。
揚げ出し豆腐の味わいです。

材料・2人分

豆腐(きぬ)　⅓丁　なす　½本
そば(乾)　1束(150g)　片栗粉　大さじ2
A(だし汁3カップ しょうゆ・みりん各大さじ4)　細ねぎ　適量　揚げ油　適量

作り方

1. 豆腐は水気をふいて8等分に切る。なすは薄い輪切りにする。
2. 170℃の揚げ油でなすを素揚げし、豆腐は片栗粉をまぶしてカラリと揚げる。
3. そばはゆでて流水で洗い、水気を切る。
4. Aを火にかけ、3を入れて温める。器に盛って2をのせ、細ねぎの小口切りを添える。

コラム３

豆腐でデザート

ティラミス

イタリアのデザート、ティラミスにきぬ豆腐を使ってみました。
マスカルポーネチーズと合わせた本格派。
口当たりはなめらかなままですが、軽くやさしい味わいです。

泡立てた卵黄にマスカルポーネチーズをしっかりと混ぜ合わせる。

メレンゲは泡をつぶさないようにさっくりと混ぜる。

豆腐は型の大きさに合わせて切ってカステラの上に並べる。

材料・19×９×6.5cmの型１台分

豆腐（きぬ）　½丁
卵黄　１個分
卵白　１個分
砂糖　20g
マスカルポーネチーズ　100g
A［インスタントコーヒー　小さじ1½
　 熱湯　¼カップ
カステラ（2cm厚さのもの）　３切れ
ココアパウダー　適量

作り方

1. 豆腐は厚みを半分に切り、キッチンペーパーに包み、ラップをして電子レンジに3分かける。冷めるまでおき、使う前に水気をふいて型に合わせて切る。カステラは1cm厚さに切り、Aにひたしておく。
2. ボウルに卵黄と砂糖の半分を入れて、泡立て器で白く、もったりするまで泡立てる。
3. 別のボウルに卵白を入れて泡立て器でほぐし、残りの砂糖を加え、角《ツノ》が立つまでしっかり泡立てる。
4. ２にマスカルポーネチーズを加えてゴムべらでよく混ぜる。３のメレンゲを２～３回に分けて加え、さっくりと混ぜる。
5. 型にカステラ→豆腐の半量を順に並べ、４の半量を入れて平らにならしてココアをふる。再びカステラ→豆腐→４の順に入れてココアをふり、冷蔵庫で2時間ほど休ませる。

チーズケーキ

きぬ豆腐で作るベイクドタイプ。クリームチーズのように
濃厚で、レモンの酸味がきいたさわやかな味が広がります。材料全部を
ミキサーなどで攪拌するだけで手軽に作れます。

材料を準備し、ミキサーなどにかければ生地のでき上がり。

型に合わせてオーブン用シートを敷き、生地を流し入れる。

材料・12×12×3㎝角型２台分

【チーズケーキ生地】

豆腐（きぬ）　１丁
卵　１個
砂糖　100g
薄力粉　30g
レモン汁　大さじ2⅔
生クリーム（動物性）　１カップ

【飾り】

ブルーベリー（生）　適量
ミント　少々

作り方

1. 豆腐は3等分してキッチンペーパーに包み、ラップをして電子レンジに4分かける。冷めるまでおき、使う前に水気をふく。
2. １と残りの材料をミキサーかフードプロセッサーに入れて、なめらかになるまで攪拌する。
3. オーブン用シートを敷いた型に流し入れ、180℃に熱したオーブンで45分焼く。型のまま冷まし、粗熱が取れたら冷蔵庫で冷やす。
4. 食べやすい大きさに切り分け、ブルーベリー、ミントを飾る。

スコーンと豆腐クリーム

豆腐の水気を利用して、スコーン生地を作ります。
サクサクのスコーンに、豆腐とはちみつのやさしいクリームを添えて、
W豆腐のおいしさを味わいたい。

作り方は P.82

豆腐クリームいちごサンド

スコーンに添えた豆腐クリームは、フルーツともよく合います。
フルーツとパンにはさんでサンドイッチにしてもおいしい。
いちごのほかに好みのフルーツや、缶詰のフルーツでも。

作り方は P.83

スコーン

バターを刻みながら粉と混ぜていく。

豆腐を加えたら手でさっくりと混ぜ合わせる。

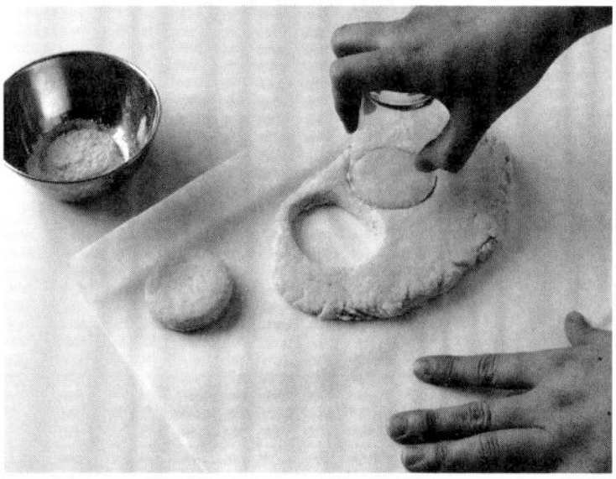

生地がつかないように打ち粉をつけて抜く。

材料・6個分

豆腐(きぬ)　¼丁
薄力粉　150g
ベーキングパウダー　小さじ1½
バター(食塩不使用)　30g
砂糖　20g
塩　ひとつまみ
打ち粉(あれば強力粉)　適量
豆腐クリーム(P83参照)　適量

作り方

1. バターは1cm角に切って冷凍庫に入れる。豆腐はキッチンペーパーで水気をふく。
2. ボウルに薄力粉、ベーキングパウダー、バターを入れて、スケッパーでバターを刻みながら粉と混ぜ合わせる。バターが米粒大になったら砂糖と塩を加え、豆腐をつぶしながら加えて手でさっくり混ぜ合わせる。粉っぽさが多少残ってもOK(しっかりとこねないように注意)。
3. オーブン用ペーパーを2枚切り、間に2の生地を入れて2cm厚さにのばす。コップ(直径6cm)の口に打ち粉をつけ、生地を抜く。
4. 天板にオーブン用ペーパーを敷き、間隔をあけて3の生地を並べ、温めたオーブントースターで12分ほど焼く。豆腐クリームを添えてつけながらいただく。

豆腐クリーム
いちごサンド

材料・1人分

食パン（ミミなし）　2枚

いちご　4個

豆腐クリーム　適量

作り方

1. いちごはヘタを除く。
2. 食パン1枚に豆腐クリームをぬり、いちごを並べる、さらに豆腐クリームをのせてもう1枚のパンでサンドする。食べやすく切って器に盛る。

豆腐クリームの作り方

パンにもフルーツにも合う豆腐クリームは、
朝食にもうれしいニューアイテム。
毎日でも食べたい、さわやかな一品。

材料・作りやすい分量

豆腐（きぬ）　⅓丁

はちみつ　15g

作り方

ミキサーやフードプロセッサーにちぎった豆腐、はちみつを入れて、なめらかになるまで攪拌する。

材料は豆腐とはちみつだけだから作り方はとっても簡単。なめらかに混ぜてクリームにする。

コロコロ豆腐ドーナツ

豆腐入りの生地を揚げると、ふわふわ、モチモチに。
冷めてもおいしいのですが、揚げたてを食べられるのは手作りの楽しみ。
生地はポリ袋の中で軽く混ぜるだけ！

作り方は P.86

豆腐アイスクリーム

口に含むとクリーミーで濃厚、そのあとに豆腐の香りがふわっと広がります。
生地はミキサーなどで攪拌するだけ。
固めてから何度も混ぜなくても、やわらかい口当たりに仕上がります。

作り方は P.87

生地はポリ袋の中に、粉類→卵と豆腐と入れて混ぜて作る。

やわらかい生地なのでディッシャーですくうと作りやすい。

コロコロ豆腐ドーナツ

材料・直径4㎝約16個分

豆腐（きぬ）　⅓丁
卵　1個
A
- 薄力粉　150g
- ベーキングパウダー　6g
- 砂糖　80g

揚げ油　適量
粉砂糖・抹茶・ココア　各適量

作り方

1. 大きめのポリ袋にAを入れて口を閉じて、袋を振って粉類をざっと混ぜる。卵、崩した豆腐を加えて、上からもんで全体がなめらかになるまでよく混ぜる。
2. 180℃に熱した揚げ油に、1の生地を直径約3㎝のディッシャーですくって落としながら揚げる。こんがりと色がつくまで3～5分揚げ、油を切る。
3. 好みで粉砂糖、抹茶、ココアをふる。

豆腐アイスクリーム

材料をミキサーなどにかければ生地のでき上がり。

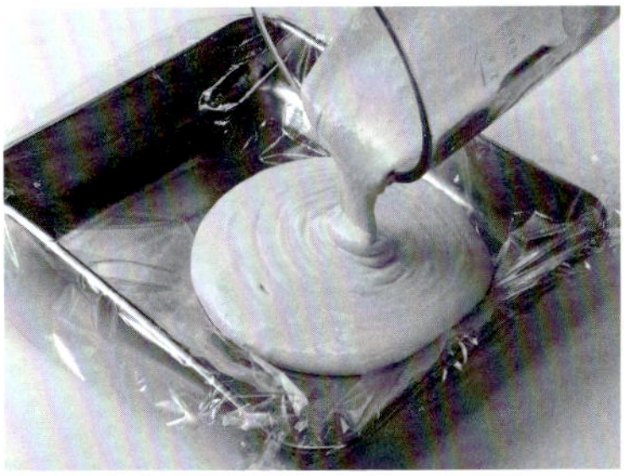

ラップを敷いたバットに流し入れて冷凍庫で冷やし固める。

材料・4～5人分

豆腐(もめん)　½丁
卵黄　1個分
生クリーム　½カップ
砂糖　45g
バニラエッセンス(あれば)　1～2滴
黒砂糖　適量

作り方

1. 黒砂糖以外の材料をすべてミキサーまたはフードプロセッサーに入れて、なめらかになるまで攪拌する。
2. 金属製のバットにラップを敷き、1を流してラップで覆って冷凍庫で半日ほど凍らせる。
3. 冷凍庫から出しておき、少しやわらかくなったらスプーンで全体を混ぜ合わせる。すくって器に盛り、好みで黒砂糖をかける。

氷豆腐

白い豆腐と透明な寒天が涼しげなお菓子。
抹茶のほろ苦さがアクセントです。
美しい層にするには、寒天を固めて豆腐をのせる、この作業をくり返します。

作り方は P.90

豆腐きんつば

きんつば風に豆腐を四角に切り、
きなこをまぶして黒砂糖入りの衣をつけてフライパンで焼き上げます。
なめらかな舌ざわりで、どこまでもやさしい味です。

作り方は P.91

氷豆腐

材料・7.5×11×5㎝の流し函1台分

豆腐（きぬ）　½丁
粉寒天　3g
砂糖　50g
水　2カップ
抹茶　小さじ⅔

作り方

1. 豆腐はキッチンペーパーに包み、ラップをして電子レンジに3分かける。冷めるまでおき、使う前に水気をふいて5㎜厚さに切る。
2. 鍋に分量の水と粉寒天を入れてよく混ぜて中火にかけ、煮立ったら弱火にして2分ほど煮溶かす。砂糖を加え混ぜ、火を止める。
3. 流し函を水でぬらし、2の寒天液を5㎜厚さになるように流し入れる。氷水で流し函を冷やし、寒天が固まったら豆腐をのせる。さらに寒天液を流し入れて固め、豆腐をのせる。
4. 抹茶に残った寒天液を少しずつ加えて溶かし、流し函に流し入れ、冷蔵庫に1時間ほどおいて冷やし固める。型から出し、食べやすい大きさに切って器に盛る。

＊途中で寒天液が固まったときは、鍋を弱火にかけて温めて寒天を煮溶かす。

寒天が早く固まるように、流し函は氷水につけて作業する。

寒天液の表面が固まったら、上に豆腐をのせてさらに寒天液を流す。

抹茶を混ぜた寒天が上になるように、最後に流し入れる。

豆腐きんつば

しっかり水切りした豆腐全体に、きなこと砂糖を混ぜたものをまぶしつける。

一面ずつ焼く。扱いやすいように竹串を刺しておくとよい。

材料・8個分

豆腐(きぬ)　½丁

A
- きなこ　30g
- 砂糖　10g

B
- 小麦粉　80g
- 白玉粉　20g
- 黒砂糖　30g
- 水　160mℓ

サラダ油　少々

作り方

1. 豆腐は半分に切ってキッチンペーパーに包み、ラップをして電子レンジに3分かける。冷めるまでおき、8等分に切って水気をふく。
2. 全体に混ぜたAをしっかりまぶす。
3. Bの衣の材料を混ぜ合わせ、2の豆腐につける。
4. フッ素樹脂加工のフライパンを弱火にかけて温め、サラダ油をなじませる。油はふき取り、3を入れて焼きつける。衣がカリッとなったら別の面に衣をつけて焼き、同じようにしてすべての面を焼く。

コラム4

豆腐のおさらい

豆腐料理のコツ

豆腐料理のポイントの
ひとつは水切りの仕方。
水気を残すのか切るかは
料理によって合わせます。
どちらもとっても簡単！
ふたつめは調理の方法。
基本の4通りの
コツをおさらいします。

水切りをする

〈　軽く　〉

豆腐の水分を利用して料理に仕上げるときは、豆腐をキッチンペーパーに包んで10分ほどおき、自然に出る水気を除く程度に切ります。

〈しっかり〉

しっかり切るときは電子レンジを活用。キッチンペーパーに包み、耐熱の皿にのせてラップをして電子レンジにかけます。1丁で4分、½丁で3分、⅓丁で2分が目安。冷めるまでおいて、出てきた水分は除き、使う前にペーパーで水気をふきます。

つぶす

「ブロッコリーの白あえ」(P23)のようにざっとつぶすときはフォークなどでつぶし、「豆腐のディップ」(P24)のようになめらかにつぶす場合は、ミキサーやフードプロセッサーで。「豆腐そぼろのドライカレー」(P50)は、目の粗いザルでこして粒を残すとちょうどいい食感に。

炒める

「マーボー豆腐」(P32)のように豆腐の形を残すときは、豆腐が崩れないように温めながら静かに炒めて。「豆腐そぼろのドライカレー」(P50)などのように形を残さない場合は、水分を飛ばすようによく炒めます。

煮る

豆腐はそのままでも食べられるので、豆腐が温まって味がからめばOK。煮すぎると食感が悪くなり、うまみが逃げてしまうので煮すぎないように。鍋物に入れるときも、温まったらいただきましょう。

揚げる

「揚げ豆腐そば」(P75)のように豆腐をそのまま揚げるときは、豆腐の水気を利用して粉をまぶして中温(170℃)で揚げます。外はカリッと中はふんわりに。「生ハムと青じそ巻きフライ」(P36)や「五目野菜入りふわふわ揚げ」(P38)は、表面がカラリとなればOK。

焼く

「バターじょうゆ豆腐ステーキ」(P28)は、しっかりと水切りをして、粉を薄くまぶして焼きます。これで豆腐の形が崩れにくくなり、こんがりとしたおいしい焼き色がつきます。「にらにんにく豆腐」(P57)はやわらかさを残すため、水切りをせず粉もつけずに焼きます。

豆腐の仲間たち

大豆から作る豆腐。
その過程でおからができたり、
ほかにも豆腐を揚げたり、乾燥させたりと
豆腐の仲間、大豆の加工品には
たくさんの種類があります。

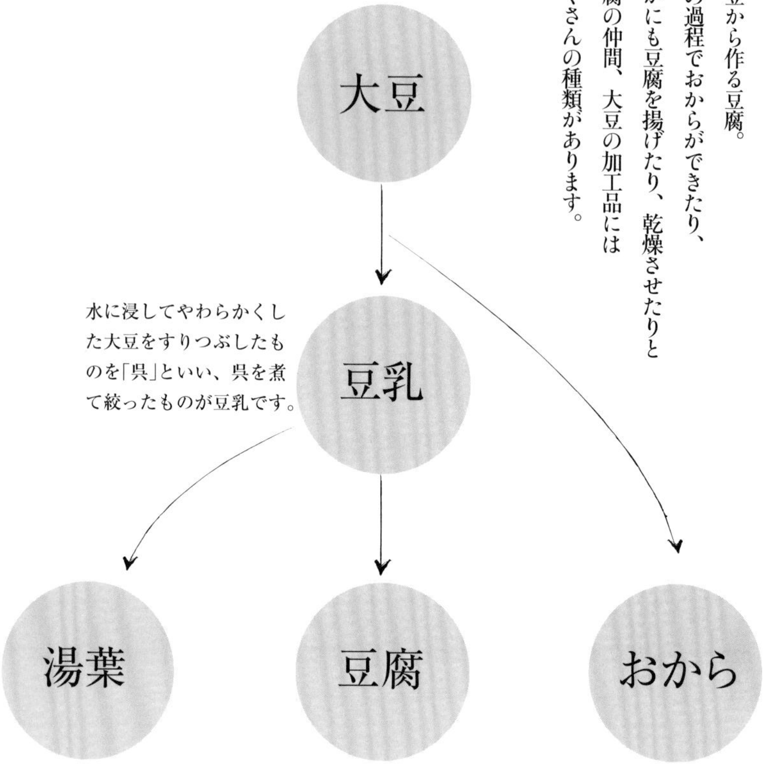
大豆
豆乳
水に浸してやわらかくした大豆をすりつぶしたものを「呉」といい、呉を煮て絞ったものが豆乳です。
湯葉
豆腐
おから

湯葉：豆乳を熱したときにできる、たんぱく質の膜をすくい取ったもの。そのまま水切りしたものが生湯葉、乾燥させたものが保存用の干し湯葉です。

豆腐：豆乳ににがりなどの凝固剤を混ぜて固めたものが豆腐ですが、固め方や水の抜き方で、もめんやきぬになり（P96～参照）、ほかにも寄せ豆腐やざる豆腐などがあります。

おから：呉を煮て絞ったあとに残ったものが、おから。包丁で切る必要がないから「きらず」、白色をしているので「うの花」の別名もあります。

そのほかの豆腐加工品

がんもどき

関西では「ひりょうず」。豆腐を水切りしてつぶし、おろした山いもをつなぎにして野菜などを加え、丸めて揚げます。

生揚げ（厚揚げ）

豆腐を厚めに切って水を切り、高温の油で揚げたものです。油揚げのように、二度揚げはしません。

凍り豆腐

もめん豆腐を凍らせ、スポンジ状になったら脱水して乾燥させます。関西地方では高野豆腐、甲信越・東北地方では凍み豆腐と、地方によって呼び名が変わります。

油揚げ

豆腐を薄く切って水を切り、一度低温の油で揚げて豆腐を膨張させたあと、高温の油でカラッと揚げます。

栄養Q&A

からだにいいといわれる豆腐ですが、どんな栄養があるのでしょうか。注目の栄養について、愛知文教女子短大の安藤京子先生に伺いました。

Q 豆腐の栄養で特にすぐれたところは?

A 大豆の栄養の吸収率がアップするところです

豆腐の原料は「畑の肉」ともいわれる大豆です。大豆の栄養成分の多くがそのまま豆腐に移行しているので、たんぱく質豊富なところが豆腐の栄養的特性の一つといえるでしょう。

生の大豆のままでは消化吸収性が低いたんぱく質は、すりつぶされて水とともに加熱されることによって豆乳に移行し、同時に消化吸収性が上がるのです。淡泊な味、消化吸収性のよさが赤ちゃんの離乳食から高齢者の介護食まで、あらゆる年代の方にふさわしい食材となっている理由なのかもしれません。

また、カルシウムも豊富でもめんで100gあたり120㎎、きぬで43㎎と示され、牛乳のカルシウムが100gあたり110㎎と比べてみても、引けを取りません。

Q 大豆オリゴ糖の働きはなんですか?

A 大腸で腸内細菌の栄養源になります

ご存知のように大豆にはオリゴ糖が含まれています。いずれも私たちの体内ではほとんど消化されずに、大腸で腸内細菌に利用されます。ビフィズス菌などのいわゆる善玉菌を増やす働きがあるといわれ、「おなかの調子を整える食品」として特定保健用食品にも許可されている成分です。便秘の改善にも期待が持てる大豆オリゴ糖は水に溶け、大豆から豆乳、そして豆腐へと移行しています。

Q 大豆のたんぱく質が良質なのはなぜですか?

A 人間に必須のアミノ酸バランスがよいからです

一般的に植物性たんぱく質は、動物性のそれと比較すると栄養的価値が低いといわれています。理由は、たんぱく質を構成している「アミノ酸」の種類と量が十分でないというものです。確かにお米のたんぱく質を構成しているアミノ酸は「リジン」が不足していて、「アミノ酸価」と呼ばれるたんぱく質の価値を表す数値が100に届きません。

ところが、豆腐の原料である大豆は人間に必要な9種類のアミノ酸(必須アミノ酸といいます)がすべて十分な量含まれているので、アミノ酸価は100となっています。特にリジンを多く含み、「ごはんのおかずに豆腐」は、理にかなった組み合わせといえるでしょう。

Q イソフラボンが女性にやさしいといわれるのはなぜ?

A 女性ホルモンと似た働きをするからです

大豆の胚芽にはイソフラボンと呼ばれる成分が含まれており、このイソフラボンは植物の色素成分のひとつで、ほかにマメ科の植物などにも含まれています。化学構造が女性ホルモンに似ていることから「植物性エストロゲン」とも呼ばれており、女性ホルモンと似たような働きをするのではないかということでさまざまな研究が行われています。

現時点では、確定的な効果は十分とはいえませんが、更年期ののぼせの改善には一定の評価を得ており、イソフラボンを含む豆腐を古くから食べ続けてきた日本人の食生活は、女性にやさしいといえるかもしれません。

コラム5

豆腐はどうやって作るの?

国産大豆とにがり、2素材が豆腐を作るまで

「おとうふ工房いしかわ」では、愛知県産フクユタカなど、厳選した国産大豆を使用。工場の外の筒状の「サイロ」と呼ばれる貯蔵タンクに蓄えられています。洗って汚れを落とし、水に漬けて吸水させます。浸す時間は大豆の種類や季節によって調節。そのあとの工程を追ってみます。

1

磨砕

十分に吸水した大豆を浸水と分離させ、水を加えながらグラインダーで砕き、磨砕する。

2

磨砕

できたドロドロの状態を「呉」と呼ぶ。昔はここまでを石臼を使って、大変な労力で進めた作業。

3

煮沸

「呉」を圧力釜に入れ煮る。大豆特有の青臭さを分解、殺菌し、うまみ成分を十分に引き出す。

4

凝固・熟成

加熱された「呉」はスクリューにかけて、豆乳とおからに分離され、豆乳はにがりを加えて熟成させる。

5
崩し

もめん豆腐は穴のあいた型箱に木綿布を敷き、凝固した豆腐を崩しながら盛り込む。豆腐の状態を見ながら調節。

6
圧縮・成型

圧縮機で押して水切りし固め、成型する。ここは機械の作業とし、崩しと合わせて、緻密に仕事を進める。

7
細断

プレスして固まった豆腐をこれからカットしていきます。

8
包装

豆腐が熱い状態のまま細断、パックされる。ベルトコンベヤーにより、清潔でスピーディーなプロセスとなる。

＼できた！／

金属探知機で異物混入がないか確認、加熱殺菌してからすぐに冷却。目視による検品を経て、出荷へ。

手作りのよさ、清潔、安全、そして時間短縮を一緒に考える

97ページのもめん豆腐のプロセスと違い、きぬ豆腐には「崩し」プロセスがない。なめらかさを残したまま成型される。

隣のブースでは、油揚げ、生揚げ、がんもなどを製造中。揚げ油は圧搾一番しぼりの菜種油を使用しているので、油臭さが全くない。

●豆腐は工場から食卓へ

工場内のプロセスを見てわかるように、材料や作業の基本に、昔からの手作りのよさを残しながら、製品の均一化とスピードアップの知恵が加えられています。大豆から分離された豆乳に、にがりを加えて熟成させますが、短時間で十分に混ぜ合わせることが必須となります。続く製造工程の「崩し」では、熟練の職人さんが、豆腐の状態を見ながらバランスを調節します。細断や包装はまた機械がフル回転。機械と人との並列した流れによって、毎日の安定した豆腐供給ができる仕組みです。この中から「究極のきぬ」「至高のもめん」それぞれ1日2万丁(!)という豆腐が作られます。「できるだけたくさんの人に、安全でおいしいお豆腐を食べてもらいたい」が各工程に込められています。地域によって内容量サイズは各種あります。

●おいしい豆腐作りの中で、地元の食材を見直したい、そして守っていきたい。その想いは、愛知県高浜市から、三河食文化圏の伝統の味へと、広がっていきます。

手前から時計回りに「究極のきぬ」300g、「至高のもめん」350ｇ、「きぬ」450ｇ、「もめん」200ｇ、「きぬ」160ｇ×２個、と各種あり。

●細やかな心配りも欠かせない

大豆からは、豆腐の材料になる豆乳が作られると同時に、おからも作られます。このおからから、パンやスイーツ、和菓子も作られています。大人気の「きらず揚げ」も、その名の通り、おからが材料です。

会社内から工場を見学できるスペースでは、豆腐作り体験講座が開かれ、親子、家族、ＰＴＡ…など広い範囲の人たちが、自分で作ったできたて豆腐を味わう講座に参加しています。製造過程を見ることで、大豆という素材のすばらしさを実感する参加者も多いそうです。

また豆腐＝大豆という原点に戻って、社内のボランティアサークル「だいずきっず倶楽部」を立ち上げ、今はＮＰＯ法人だいずきっずへと発展しました。このネーミング、「大豆」と「キッズ」と、「大好き」が重なっていること、わかりますよね。

コラム６
三河の食文化

三河食文化圏を訪ねる

高浜市は、愛知県の南側、三河地方にあります。
古くから、醸造文化のふるさとといわれてきた三河は、温暖な気候と水資源に恵まれ、農業も盛ん。醸造業も発達し、たくさんの味わい深い調味料が、このエリアから生まれ、大切に守られてきました。

↑高浜港駅前公園にある、鬼瓦のオブジェ
→高浜とりめし。たまりの色つやがたまらない！

高浜市民
「高浜めしどり」です

「めしどり」は2013年4月、高浜市に市民登録し、市長から特別住民票をもらいました。これからもがんばります！

●高浜とりめしとキャラクター

高浜市は日本一の瓦の生産地として知られ、かわら美術館もあります。これに並んで、最近めきめきと知名度を上げているのが「とりめし」です。とりめしの誕生は、今から１００年以上前、地場産業として卵の生産が盛んになった頃から。卵生産と同時に、卵を産まなくなった成鶏を食べる文化が始まりました。

こうした成鶏の肉はかたいので、薄くスライスして使い、鶏脂でほかの具と一緒に煮て、たまりと砂糖で味つけし、ご飯に混ぜます。炊き込みご飯にすることもあります。手軽でおいしく、鶏の栄養が詰まっている、高浜の代表的ご当地グルメです。もちろん立派なキャラクター「めしどり」ちゃんも活躍中。

愛されるとりめしの味つけのポイントは「たまり」。三河が生んだ、まろやかでうまみのある調味料です。

三河食文化のふるさと

「のぞみ」に乗ると、
新横浜の次は名古屋になり、
三河安城駅は通過してしまいますが、
名古屋→三河安城は
こだまで10分。
食文化のふるさとを訪ねると、
さまざまな伝統の味に出会えます。

● 三河めざして東海道を西へ

東京から西へ向かって静岡県を通り、浜名湖を越えると愛知県に入ります。渥美半島、知多半島が三河湾を囲み、その中央付近に「こだま」が停車する「三河安城」駅があります。高浜市は駅の南西側。逆に東側にある岡崎は、徳川家康の生まれ故郷として知られ、西側の尾張名古屋とは別の文化圏を形成してきました。

地図で見るとわかるように、愛知県は海に恵まれ、気候も温暖。工業県のイメージがありますが、農業県としても国内5～6番目の生産力を誇ります。

この豊かな環境の中で、古くから培ってきたものが醸造文化です。今回の取材では、歴史と伝統の4店を訪ね、三河食文化圏のお話を伺いました。まずはその名も「三州三河みりん」角谷文治郎商店から。

三州三河みりん

蒸したてのもち米。
香り、うまみ、甘み、
すべてが凝縮されて、
本当においしい！

みりん醸造開始となる、
梅の花の季節に、角谷
社長から、みりんの歴
史についてのお話をた
くさん伺いました。

もち米のおいしさを、麹の力で引き出したものがみりんです

「三州三河みりん」の名前で知られる、角谷文治郎商店は明治43年創業。国内指定産地の厳選した原料を使い、昔ながらの蔵の中で、季節の移り変わりに合わせた手法を使い、みりん一筋に味を造り続けています。

みりんの材料は蒸したもち米、そこに米麹と焼酎を合わせて仕込み、約3カ月の熟成期間を経て酒袋に入れて搾ります。これは200年以上変わらない技術。もち米と焼酎、双方のうまみが凝縮されているので、味わい深く、素材のおいしさを引き立て、香りやツヤを添えてくれます。

「三河の豊かな恵みをおいしくいただくために授かった最高の調味料ですね」と三代目角谷利夫社長。

常滑の清酒

蒸した米を手早く冷ます工程はすべて職人さんの技による手仕事。昔から伝わる製法を今も守り続けています。

「梅の季節に作る梅酒もご好評をいただいています。元禄時代のレシピから起こしているんですよ」と澤田社長。

昔から伝わる理にかなった製法と作り手の思いを残していきます

知多半島は江戸時代から灘と並ぶ、酒造りが盛んな地域でした。最盛期には２００軒を超える酒蔵があり、船で江戸へ運ばれていましたが、明治政府の増税政策などによって減り、現在は６軒。その中に常滑市の「澤田酒造」があります。

機械による省力化を防ぎ、伝統的な製法で造られた酒は高い品質評価を受けています。２月末の酒蔵開放時には２日間で５０００人を超える人が訪れる大人気でした。澤田社長によると「米の味をしっかり生かし、雑味を出さないことが作り手の使命だと思います。酒蔵開放では女性の方にもたくさん来ていただきました。おいしそうに飲まれる場面を見るのは、本当にうれしいですね」

三州三河みりん

「みりんは世界に誇る、リキュールです」

調味料として第一級のみりんは、そのまま飲んでもおいしいリキュール。
「みりんハイボール」も、じわじわと人気を呼んでいます。

1. 2. 3. 人の背以上もある大きな釜でもち米を蒸し、レールに引っかけて返し冷ます。１つの甑(こしき)で300kg、仕込み時期は１日３ｔのもち米が用意される。梅の花から桜の花の時期が最適なのは、寒すぎると麹が働きづらく、暑すぎるとでんぷんが分解しすぎるから。自然とともに生まれた醸造文化の知恵と技が結集する。**4. 5.** 冷めたもち米と麹に焼酎を加えてタンク内で熟成させる。**6.** 黄金色の輝きがある、三州三河みりん／角谷文治郎商店。
URL　www.mikawamirin.com/

常滑の清酒

「食に寄り添う酒でありたい」

古くからこの地域は赤みそ文化圏。うまみの強い恵まれた食材と共存する酒が愛されてきました。こだわりの米と水と技から生まれます。

3

1

4

2

1. 2㎞ほど離れた知多半島丘陵部の伏流水を私設の水道に引いて利用。まろやかな味わいは、清酒造りの原点となる。**2.** 高い煙突からは湯気が上り、酒蔵地域の歴史を語る。**3.** 精米を常温の倉庫において水分を取り戻させ、洗米をして、いよいよ蒸す作業開始。木製の大樽を使い、朝５時から作業。蒸し上がった米は手で「掘り上げ」作業をして取り出し冷ます。**4.** 代表的清酒「白老」。ひと口飲んで素直においしい、もうひと口飲むと合わせるおかずが欲しくなる。
URL　www.hakurou.com

白しょうゆと「しろたまり」

碧南工場で作られている白しょうゆの仕込みタンク。小麦95%と大豆５%で麹を作り、塩水と合わせて仕込みます。

足助蔵までは片道２時間、「あの理想的な環境を考えると、全然苦になりませんよ」と足助のポスター前で蜷川社長。

三河のしょうゆ文化は、「たまり」と「白しょうゆ」から

三河地方、碧南市は白しょうゆ発祥の地です。白しょうゆというのは小麦で作るおしょうゆのこと。「濃口しょうゆは大豆と小麦がほぼ同量のバランスですが、白しょうゆは95%が小麦です」と教えてくださったのは日東醸造の蜷川社長。色の要因は大豆ですから、大豆を多く使うと「たまり」のように濃いしょうゆになり、少ないと琥珀色になります。

日東醸造は、白しょうゆとは別に「しろたまり」という名前の、大豆を使わない小麦醸造調味料も作っています。こちらは良質の水と空気、年間通して涼しい気温を求め、１９９９年から奥三河、大多賀町の廃校を利用して「足助仕込蔵」とし、製造拠点としています。

1990年に今の名称に変えるまで「大田商店」と名乗っていた時代の看板。

ドイツ留学経験もある浅井社長は、八丁味噌の輸出や普及に積極的。「MR HATCHOの名で通っているんですよ」。

岡崎城から西へ8丁、大豆と塩だけで造る歴史の味わい

八丁味噌の名前の由来は、徳川家康のお膝元岡崎城から西へ8丁(約870m)の距離にある味噌蔵で造られているから。大豆だけで大豆麹を造り、塩と水と一緒に杉の桶に仕込みます。上に石をピラミッド上にのせ、二夏二冬じっくり待ち続けます。石の重みは約3t、2年以上の熟成の間、桶の中を均一に押し続け、途中で人の手を入れることはありません。水分含有量が少ない、濃厚な風味と酸味がある味噌になるのは、この製法があるからです。「ひとつの桶で造り上げるのに2年以上かかりますからね、妥協はできません。時代に流されずに続いてきた伝統を伝え続けるのが使命だと思っています」と浅井社長は話してくれました。

白しょうゆと「しろたまり」

「煮炊き物、吸い物、卵焼き…素材の風味を引き出します」

白しょうゆもしろたまりも、味の主張が強くないので、野菜によく合います。
自然素材のだしとしろたまりを使った「白だし」も広い用途に。

5

1

2

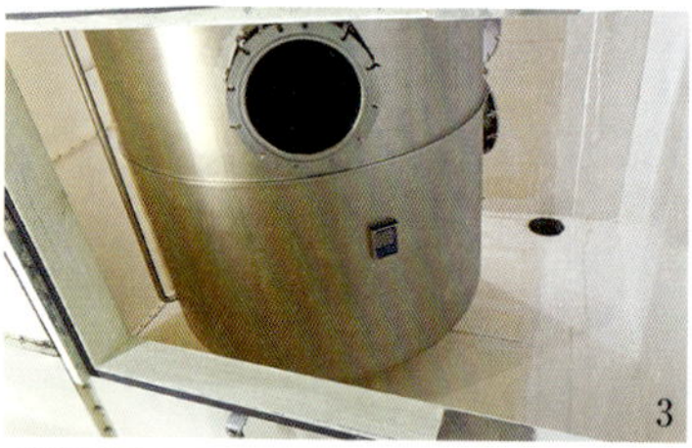

3

6

4

1. 白しょうゆの材料となる小麦を蒸して麹を作る。**2. 3.** 洗って浸漬し蒸す。白しょうゆ麹をつけて48時間空気と温度を管理して麹を作る。**4.** でき上がった麹は塩水とともに仕込み、２～３カ月間熟成発酵させる。**5.** しぼり方は昔ならでは、布で四角く包んでしぼりかすを作る。**6.** 「しろたまり」を白しょうゆと呼ばないのは、材料に１粒の大豆も入っていないため、JASの規定でしょうゆの名称は使えないから。しろたまりを鰹、昆布、椎茸のだしで割ったものが「白だし」／日東醸造。
URL　http://nitto-j.com

八丁味噌

「二夏二冬、木の桶の中で熟成、昔も今もずっと同じ」

「石積み10年」といわれるくらい技術を伴う味噌桶に石を積む仕事。
この石がバネになり、味にムラのない味噌造りができます。

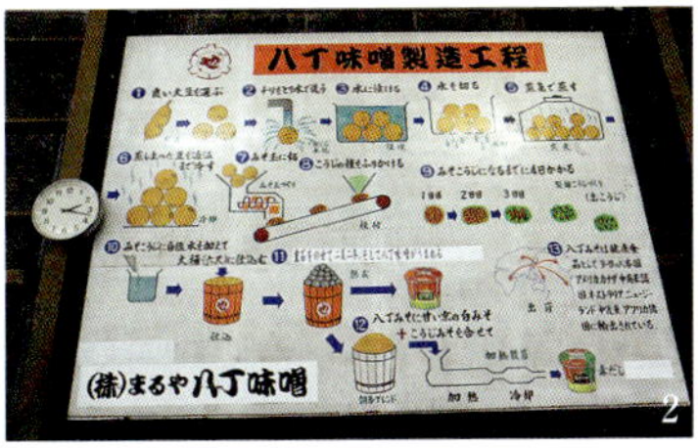

1. 古い蔵の中は木と竹と土。桶が置かれる環境を極力変えない。
2. 工場内は見学ができる。八丁味噌の工程図を見ると、昔の人の知恵に感銘を受ける。
3. 蔵に囲まれた中庭には昔の道具も置かれている。
4. 有機大豆と塩だけで作られた、有機八丁味噌／まるや八丁味噌。

URL　www.8miso.co.jp

●その土地の素材を大切にし、伝えられてきた製法と技を守って食文化を継承すること。
この思いが三河食文化圏にありました。

自分の子どもに食べさせたい豆腐を、みんなで作っています

「おとうふ工房いしかわ」のオフィスは、工場と同じ建物です。会議室や品質保証部のほかは、ひと目で見渡せる広いスペースで、奥には石川社長の姿も見えました。担当セクションごとにまとまった女子社員たちの共通の目標は、「自分の子どもに食べさせたい豆腐」を

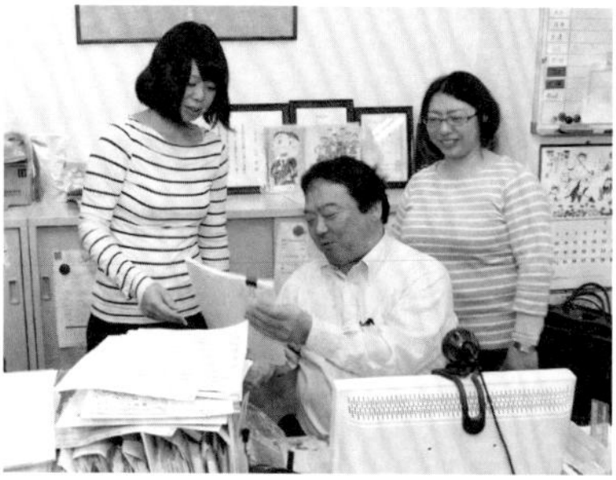

高浜本社事務所
社長　石川伸さん、副社長　石川純子さん、
MD部　原さんと打ち合わせ中

社長も副社長もとっても気さく。
いつも笑顔のたえない社内です。

SCM部・生産管理部

大和田晃子さん、石川聖子さん、市古幸理さん

お客さまに安全安心な商品をお届けするために、物と情報をコントロールしています。

MD部

（左から）後藤千波さん、袴田佳澄さん、
廣部里栄さん、原久美子さん、平田友美さん、
後藤智恵美さん

商品開発から企画まで、喜んでいただけるモノづくり、コトづくりをめざしています。

直営店「豆蔵(まめぞう)」で、明るく元気な大豆パワーを皆様にお届けしています。

店舗部

(左から) 竹松絵梨奈さん、北岡美子さん、加藤茉奈美さん、佐藤つかささん

作って届けること。そのために
「自分たちに何かできるか?」を
考え、みんなで話し合い、
おいしい食べ物で人の心と心を、
つないでいきたいと思っています。
工場では今日も1日4万丁を超える
豆腐と周辺の商品が作られています。
旨い、安全、安心、のスローガンで。

品質保証部

落合理恵子さん、山本恭子さん

安全安心な製品をお届けするために、毎日品質を管理しています。

皆様に笑顔をお届けするために、東へ西へ日々とんでいきます!

管理部・営業部

浅井ゆりえさん、蜷川友希穂さん

http://www.otoufu.co.jp

撮　　　影	山下コウ太　巣山サトル（P 6、P102、P104、P110～111）	
取材・編集	相沢ひろみ　生活文化編集部	
デ ザ イ ン	山下知子　大髙早智（GRACE.inc）	
スタイリスト	福泉響子	
料 理 製 作	安藤京子　山本景子（愛知文教女子短期大学）	
取 材 協 力	株式会社おとうふ工房いしかわ	
企 画 協 力	とうふプロジェクトジャパン株式会社	

「おとうふ工房いしかわ」の究極の豆腐レシピ
集英社　生活文化編集部編

発 行 日　2013年6月30日　第1刷発行

発 行 人　石渡孝子
発 行 所　株式会社　集英社
　　　　　〒101-8050　東京都千代田区一ツ橋2-5-10
電　　話　（編集部）03-3230-6250
　　　　　（販売部）03-3230-6393
　　　　　（読者係）03-3230-6080

印　　刷　大日本印刷株式会社
製　　本　ナショナル製本協同組合

造本には十分注意しておりますが、乱丁・落丁（本のページ順序の間違いや抜け落ち）の場合はお取り替えいたします。
ご購入された書店名を明記して、小社読者係宛にお送りください。送料は小社負担でお取り替えいたします。
ただし、古書店で購入されたものについては、お取り替えできません。
本書の一部あるいは全部を無断で複写・複製することは、法律で認められた場合を除き、著作権の侵害となります。
また業者など、読者本人以外による本書のデジタル化は、いかなる場合でも一切認められませんのでご注意ください。

ISBN978-4-08-333133-6　C2077
Printed in Japan